Bombero

Jeff Barger y
Pablo de la Vega

Rourke
Educational Media
rourkeeducationalmedia.com

A Division of
Carson
Dellosa
Education

de la ESCUELA a la CASA

ANTES Y DURANTE LAS ACTIVIDADES DE LECTURA

Antes de leer: *construcción de los conocimientos del contexto y el vocabulario*

Construir los conocimientos del contexto puede ayudar a los niños a procesar nuevas informaciones y fortalecer los saberes que ya poseen. Antes de leer un libro es importante ahondar en lo que los niños ya saben sobre el asunto. Esto les ayudará a desarrollar el vocabulario e incrementar su comprensión lectora.

Preguntas y actividades para construir los conocimientos del contexto

1. Mira la tapa del libro y lee el título. ¿De qué piensas que tratará el libro?
2. ¿Qué sabes ya de ese tema?
3. Hojea un libro y echa un vistazo a sus páginas. Mira el índice, las fotografías, los pies de foto y las palabras en negritas. ¿Estas características del texto te dan alguna información o intuiciones acerca de lo que vas a encontrar en el libro?

Vocabulario: el vocabulario es clave para la comprensión lectora

Sigue estas indicaciones para iniciar una conversación acerca de cada palabra.

- Lee las palabras del vocabulario
- ¿Qué viene a tu mente cuando ves cada palabra?
- ¿Qué piensas que significa cada palabra?

Palabras del vocabulario:
- *accidente*
- *equipamiento*
- *hidrante*
- *operador*

Durante la lectura: *leer para entender y encontrar significados.*

Para lograr una comprensión profunda de un libro, hay que animar a los niños a hacer uso de estrategias de lectura atenta. Durante la lectura, es importante que los niños hagan pausas y conexiones. Dichas conexiones dan como resultado análisis más profundos y un mejor entendimiento del libro.

 Leyendo con atención un texto

Durante la lectura, pide a los niños que hagan una pausa y hablen de lo siguiente:

- Cualquier parte confusa.
- Cualquier palabra desconocida.
- Texto con texto, texto con uno mismo, texto en conexión con el mundo.
- La idea principal de cada capítulo o encabezado.

Anima a los niños a usar claves contextuales para determinar el significado de cualquier palabra desconocida. Estas estrategias ayudarán al niño a aprender a analizar el texto de manera más completa durante la lectura.

Cuando acabes de leer este libro, ve a la penúltima página para encontrar una **actividad posterior a la lectura.**

Índice

Ayudantes comunitarios

Los ayudantes comunitarios están por todas partes.

Hacen que nuestra vida sea mejor.

La gente que vive o trabaja en la misma área es parte de una comunidad.

Algunos ayudantes nos mantienen seguros. ¿Quién apaga los incendios? Un bombero.

Los bomberos también ayudan en otras emergencias, como en **accidentes** de tránsito o inundaciones.

Combatiendo un incendio

Hay humo en el aire. ¡Hay un incendio!
Es hora de pedir ayuda.

Una **operadora** recibe la llamada. Ella avisa a la estación de bomberos.

Los bomberos trabajan en una estación. Ahí es donde reciben las llamadas de auxilio.

Los bomberos cuidan de su propio **equipamiento.**

Primero, se visten con ropas especiales.

Son pesadas. Los protegen del calor.

Los cascos protegen sus cabezas de trozos en llamas que caen del techo.

Luego se suben al camión de bomberos. El camión tiene una manguera. Los bomberos la conectan a un **hidrante**.

Un hidrante provee de agua para luchar contra el incendio.

Combaten el incendio con agua.

El fuego necesita aire y calor.
El agua enfría el calor y bloquea el aire. Detiene el incendio.

Otros trabajos

Los bomberos hacen también otros trabajos. Ayudan a la gente en un accidente.

Los bomberos enseñan a los niños a prevenir incendios.

Combatir incendios no es fácil.
Los bomberos trabajan duro para
ayudar a sus comunidades.

Actividad

Haz un plan

Qué necesitas

- crayones, marcadores o lápices de colores
- papel
- cronómetro o una app de cronómetro

Es importante que cuentes con un plan para prevenir incendios en casa. Si hubiera un incendio, ¿cómo podría salir cada uno de la casa? ¿Dónde se encontrarían fuera de casa para que los demás sepan que están bien?

Instrucciones

1. Haz un dibujo del interior y del exterior de tu casa.

2. Dibuja flechas para indicar cómo todos pueden salir seguros de cada cuarto y de la casa. Dibuja una «X» para mostrar dónde se reunirían fuera. Debe estar a una distancia segura del incendio.

3. Comparte tu plan con tu familia. Practica tu plan. Usa el cronómtero para medir el tiempo que le toma a todos llegar al lugar de reunión. Practica de nuevo. ¿Puedes mejorar tu tiempo?

Glosario fotográfico

accidentes: sucesos desafortunados y no planeados.

equipamiento: herramientas o cosas que se necesitan para hacer un trabajo.

hidrante: un tubo de descarga grande que provee de agua para apagar incendios y para otras emergencias.

operador: en emergencias, alguien que recibe por teléfono un mensaje o reporte y lo entrega.

Índice analítico

Actividad posterior a la lectura

Los bomberos tienen que hacer ejercicio para mantenerse en forma. Piensa en al menos tres ejercicios que pueden ayudar a un bombero a mantenerse fuerte y sano. Escribe e ilustra un cartel donde expliques cómo hacer esos ejercicios.

Sobre el Autor

Jeff Barger es escritor, bloguero y especialista en literatura. Vive en Carolina del Norte y le gustaría algún día conducir un camión de bomberos.

Edición: Kim Thompson
Tapa y diseño interior: Kathy Walsh
Traducción: Pablo de la Vega
Edición en español: Base Tres

Photo Credits: cover, title page, p.20: ©Lammeyer; p.5: ©Rawpixel.com; p.7: ©kali9; p.9, 22: ©PeopleImages; p.11, 22: Sean_Gao; p.13: ©AlenaPaulus; p.15, 22: ©shaunl; p.17: ©Toa55; p.19, 22: ©simonkr

Library of Congress PCN Data

Bombero / Jeff Barger y Pablo de la Vega
(Ayudantes comunitarios)
ISBN 978-1-73162-994-4 (hard cover - spanish)(alk. paper)
ISBN 978-1-73162-993-7 (soft cover - spanish)
ISBN 978-1-73162-995-1 (e-Book - spanish)
ISBN 978-1-73163-371-2 (ePub - spanish)
ISBN 978-1-73161-420-9 (hard cover - english)(alk. paper)
ISBN 978-1-73161-215-1 (soft cover - english)
ISBN 978-1-73161-525-1 (e-Book - english)
ISBN 978-1-73161-630-2 (ePub - english)
Library of Congress Control Number: 2019945028

Rourke Educational Media
Printed in the United States of America,
North Mankato, Minnesota